AF497870

RÊFLEXIONS

SUR LE MÉMOIRE

DE M. BUREAUX DE PUSY,

Concernant le Corps royal du Génie;

Par M. D'ARNAUDIN, Capitaine d'Infanterie, Ingénieur-Géographe Militaire.

1790.

RÉFLEXIONS

SUR LE MÉMOIRE

DE M. BUREAUX DE PUSY,

Concernant le Corps royal du Génie.

On étoit en droit de s'attendre qu'un député de l'Assemblée nationale, appellé par elle à une place de confiance dans un de ses comités, se seroit fait un devoir d'y apporter un esprit entierement dégagé de préjugés, de partialité & d'acception de corps ou de personnes ; c'est précisément ce que n'a pas fait M. Bureaux de Pusy. Loin d'avoir oublié comme il le devoit, qu'avant d'être membre de notre auguste Corps législatif, il l'étoit d'une corporation particuliere ; on diroit qu'il s'empresse de profiter du choix qu'on a fait de sa personne, pour prendre en main la cause de cette même corporation, & cela également au préjudice du bien particulier, & à celui du bien général. Le Mémoire qu'il vient de publier par ordre de l'Assemblée, est une piece authentique qui démontrera aux yeux de toute la France, la vérité de ce que l'on vient d'avancer ; au lieu de l'homme de la Nation, on n'y apperçoit, on n'y entend parler que l'homme du Corps du Génie.

A

Quel est donc en effet l'objet qu'il a en vue dans l'Ecrit en question ? Que propose-t-il ? n'est-ce pas d'attribuer exclusivement au Corps dont il se constitue l'avocat, toutes les branches du service militaire qui exigent des talens, & en même tems d'en dépouiller les corporations particulieres, auxquelles elles ont appartenues jusqu'à ce jour, quoiqu'elles s'en soient acquittées avec tout le succès qu'on pouvoit desirer ; aussi à l'exception de l'artillerie dont il remet à un autre tems de demander la réunion avec le Génie, il reclame tout ; les sapeurs, les mineurs, les fonctions de l'Etat-major des armées, l'exécution des travaux topographiques, jusqu'à présent l'appanage des Ingénieurs-Géographes militaires ; les travaux des ports & arsenaux, une sorte d'inspection sur ceux des ponts & chaussées, & en particulier la direction & la conduite de quelques ouvrages qui leur ont été confiés dans ces derniers tems, d'où il conclud à la réforme ~~dont on vient de parler~~, de deux cent vingt-huit sujets. Il prétend au surplus que ces divers objets sont autant d'usurpations faites précédemment sur le Corps qu'il protege. Il ne fait pas attention que dans l'état actuel des choses, l'existence d'un corps à talent, tel que le Génie, auquel seroit attribué l'exercice privatif d'un art, pourroit être considérée elle-même comme une véritable usurpation faite sur le droit que doit avoir désormais tout citoyen François, à l'exercice des fonctions auxquelles il se sera rendu habile par ses études & ses travaux ; d'où l'on pourroit conclure, qu'à l'avenir l'état d'Ingénieur devroit devenir une profession libre, à laquelle seroient indistinctement appellés, tous ceux qui se trouveroient doués de l'aptitude nécessaire pour la bien remplir. Et de plus, quelles raifons n'auroit-on pas pour tenir tout à fait à cette opinion, fi l'on prenoit la peine de fe rappeller que fous le regne de Louis XIV , regne qui a fourni les occafions les plus fréquentes de développer des talens du genre de ceux dont il eft ici queftion ; regne pendant lequel fe font formés les plus célebres Ingénieurs qui aient illuftré la France ; regne pour tout dire enfin , qui a été fignalé par l'exiftence du fameux maréchal de Vauban : il n'y avoit point de Corps du Génie ; celui-là alors devenoit Ingénieur qui en avoit la capacité ; & l'expérience a démontré que la non-exiftence du Corps, n'étoit point un obftacle à ce que l'on vit paroître dans ce genre de très-habiles fujets.

Il ne faut pas inférer de ce qui vient d'être dit, que mon avis feroit de réformer le Corps du Génie. Si l'on avoit continué jufqu'à préfent de pourvoir à l'objet particulier auquel il eft deftiné , comme on faifoit pendant prefque toute la durée du dernier fiecle , c'eft-à-dire fans créer de Corps proprement dit d'Ingénieurs , il y auroit peut-être de fortes raifons à oppofer au projet d'un pareil établiffement ; mais ce Corps exifte , mais il contient un nombre confidérable de fujets inftruits , dont l'inftruction ayant été faite aux frais de l'Etat , il femble que l'Etat en doit recueillir les fruits ; & malgré l'efpece de contradiction dans laquelle il femble fe trouver avec les principes de la conftitution Françoife , comme on l'a remarqué ci-deffus , les avantages qu'on eft en droit d'en attendre font fi grands, & les inconvéniens de le fupprimer fi fenfibles , qu'il y auroit de l'abfurdité d'en faire la propofition. Qu'on fe figure qu'il exifte dans le Génie un nombre confidérable de fujets tout

formés , tout prêts à agir à la premiere occasion.
Qu'on réfléchisse qu'il s'agit d'un genre de service qui
exige d'abord des dispositions naturelles , ensuite
tout l'acquit qu'on peut tenir de l'étude la plus suivie
des sciences abstraites . des exercices préparatoires
& des méditations les plus approfondies sur un art
aussi important & aussi compliqué que celui qui concerne les fortifications , l'attaque & la défense des
places. Je dis plus ; quoique le nombre des individus
qui composent le Corps du Génie surpasse celui qui
est prescrit par l'ordonnance , comme on le verra ci-
après ; quoique le nombre même prescrit par l'ordonnance , soit encore fort au-dessus de celui qu'exige le
besoin du service, il ne faudroit peut-être en réformer aucun. En effet, ne seroit-il pas aussi impru-
dent qu'injuste , de laisser sans emploi , des officiers
qui , par la nature de leurs fonctions, se font trou-
vés dans le cas d'acquérir les connoissances les plus
détaillées sur des objets auxquels est essentiellement
liée la sûreté du royaume. Ce que l'on dit ici à l'é-
gard des officiers du Génie , peut s'appliquer également aux 228 autres officiers que M. de Pusy pro-
pose de supprimer , pour donner au Génie la possession exclusive de leurs fonctions ; puisque les uns ,
tels que les officiers de l'État-major des armées , les
Ingénieurs-Géographes militaires du département
de la guerre , & ceux des affaires étrangeres , ayant
été employés à faire des reconnoissances , ou à lever
des cartes militaires sur nos côtes & sur nos frontieres , ils doivent avoir nécessairement retiré de
leurs travaux, des connoissances particulieres sur les
différens districts où ils ont été employés , dont ils seroient à même de faire un usage dangéreux pour la
France, si la perte de leurs emplois les mettoit dans la

néceffité d'offrir leurs talens à l'étranger ; & les autres, tels que les Ingénieurs de la marine, pourroient
également porter hors du royaume, des éclairciffe-
mens concernant la fituation de nos ports & arfenaux,
qui ne manqueroient pas de devenir préjudiciables
à la confervation de nos établiffemens maritimes.
D'un autre côté, n'y auroit-il pas une forte d'injuf-
tice de laiffer fans emploi, des fujets qui femblent
s'être acquis le droit de compter fur la folidité de
leur état, pour n'être parvenus à fe le procurer qu'à
force d'études & de travaux; ajoutez à cela que le peu
de fortune dont beaucoup d'entr'eux font pourvus,
leur rend cet état néceffaire.

Mais pour revenir au Corps du Génie en particulier, je dis que la feule maniere qu'il conviendroit
d'employer pour y opérer de la diminution, fans
s'expofer à aucun des inconvéniens dont on vient de
parler, feroit d'abord d'en retirer un certain nombre
de jeunes gens qui, réunis à ce que le Roi entretient
de jeunes officiers d'Etat-major, & d'Ingénieurs-
Géographes militaires, formeroient un Corps, fous
une dénomination quelconque, qui feroit chargé en
tems de paix de la levée des cartes militaires des
côtes & des frontieres ; & en tems de guerre, des
reconnoiffances relatives aux ouvertures de marches,
au choix des poftes pour les cantonnemens, campe-
mens & emplacemens de champ de batailles ; &
l'enfemble de ces officiers qu'on auroit foin de mettre
à portée de recevoir une inftruction propre au genre
de fervice auquel ils feroient deftinés, formeroit la
pépiniere dans laquelle on choifiroit à l'avenir les
fujets dont on compoferoit en tems de guerre les
Etats-majors des armées. On pourroit confidérer ce
Corps comme la feule partie de l'Etat-major, fuf-

ceptible d'avoir une existence permanente pendant
la paix ; il faudroit en outre , qu'il demeurat ab-
solument distinct de celui du Génie , avec lequel il
n'auroit plus à l'avenir rien de commun ; mais
comme il pourroit se faire qu'en conséquence des
dispositions où l'on seroit de ne réformer personne ,
il se trouvat d'abord porté à un nombre d'individus
trop considérable , on le laisseroit se réduire par extinction au nombre convenable ; & par la suite ,
lorsqu'il s'agiroit d'y admettre de nouveaux sujets ,
on exigeroit d'eux des examens de théorie & de pratique , comme c'est l'usage dans les corps à talens.
Pour ce qui est du Corps du Génie qui se trouveroit
encore trop nombreux , on le laisseroit pareillement
se réduire par extinction , au nombre d'individus
suffisant pour le service des places ; & ses fonctions
seroient bornées , ainsi qu'elles l'ont toujours été ,
à ce qui a trait aux fortifications , & par conséquent
à tout ce qui embrasse l'art si difficile de l'attaque &
de la défense des places. Ces objets qui seront toujours
en France de la plus grande importance , & qui
exigent tant de travail & de méditations pour être
approfondies au point où ils doivent l'être, sont plus
que suffisans pour occuper des hommes à l'exclusion
de toute autre chose.

Avant d'aller plus avant , il n'est peut-être pas dé-
placé de faire ici quelques observations sur la maniere
dont beaucoup de réformes se font opérées jusqu'à
ce jour. Depuis le tems où la détresse des finances
a fait sentir en France la nécessité de faire des dimi-
nutions dans différentes parties des dépenses de l'É-
tat ; si l'on s'en étoit tenu aux réformes par extinction comme on vient de le proposer , on auroit évité
sans doute de faire beaucoup de malheureux , & il

en feroit réfulté par fuite de tems des bonifications dont les effets un peu lents à la vérité, auroient au moins été réels. Au lieu de cela , on a opéré des re-tranchemens fubits dans certains départemens , lef-quels ne pouvoient pas être d'abord tout bénéfice pour le tréfor de l'État , puifqu'il falloit en même tems accorder à ceux qu'on réformoit des retraites proportionnées à la durée de leurs fervices ; & de leur côté , les perfonnes réformées ne manquoient pas de juftes raifons pour déplorer leur fort , puifqu'en même tems qu'elles éprouvoient une diminution très-confidérable dans leur revenu , elle perdoient encore l'efpoir d'une augmentation dans leur état , à la-quelle la continuation de leurs fervices auroit pu leur permettre d'afpirer. D'un autre côté , des intrigans dont les miniftres ne manquent jamais d'être obfé-dés , trouvoient moyen à force d'importunités de fe faire nommer aux places précédemment fupprimées, prefque toujours avec des traitemens plus forts que ceux qui avoient été attribués à leurs prédéceffeurs ; enforte que fouvent les départemens fe trouvoient portés à un point de dépenfe plus confidérable qu'ils n'étoient avant les réformes ; & l'Etat étoit en fur-plus chargé des retraites de ceux qu'on avoit privé de leurs emplois.

Cependant il exiftoit des moyens aifés d'économie, dont on auroit reffenti tout-à-coup les effets ; mais ces moyens étoient trop en oppofition avec l'efprit de l'ancien régime, pour pouvoir être adoptés. C'étoit de retrancher quelque chofe des appointemens des chefs toujours très-confidérables , & jamais en proportion avec ceux des fubalternes. Pour ces derniers, fi l'on vient jamais à jetter un coup-d'œil attentif fur cet objet, on fera à même de remarquer que leur traitement, loin d'être fusceptible de diminution, le feroit fouvent d'augmentation. Au refte cette répartition difproportionnée a particuliérement lieu, à l'égard des établiffemens qui exiftent à la Cour. Dans les corps de troupes réglées, on a toujours vu regner un accord affez judicieux entre les appointemens & les grades. Il eft vrai que, dans cette partie, les fubalternes n'en ont pas moins eu jufqu'à préfent de juftes fujets de mécontentemens & de dégoûts. Les emplois fupérieurs, & particuliérement ceux de colonel, devoient toujours être envifagés par eux, comme des places auxquelles il ne leur étoit pas permis d'afpirer. De cette maniere tout étoit compenfé, & un abus fe trouvoit remplacé par un autre abus. Mais il eft tems de reprendre notre objet, dont nous nous étions infenfiblement écarté.

On voit affez, par ce que j'ai dit ci-deffus, que mon fentiment n'eft pas de faire du Génie une immenfe corporation qui tiendroit lieu à elle feule de plufieurs corps particuliers qu'on a jugé à propos d'entretenir jufqu'à préfent. Je fuis perfuadé au contraire que l'exécution de ce projet feroit auffi impolitique, auffi contradictoire avec les principes de la Conftitution, qu'oppofée au perfectionnement des divers talens qui ont un rapport plus ou moins immédiat avec le métier de la guerre, & par conféquent nuifible au bien du fervice.

Je dis impolitique & contradictoire avec les principes de la conftitution, en ce que l'on verroit ainfi s'élever dans l'armée, une maffe d'autant plus impofante & d'autant p'us capable de donner de l'inquiétude, & d'exciter la jaloufie des autres corps, qu'elle auroit l'air de dominer à elle feule tout le refte, par le côté qui femble fait pour affecter le plus l'amour-propre ; je veux dire par l'afcendant qui dérive des connoiffances & des talens , dont la poffeffion ainfi que l'exercice exclufif, lui feroient alors accordés d'une maniere légale; c'eft ainfi que tous les corps militaires fembleroient fubordonnés à un feul. Or, dans la compofition d'une armée , il ne convient nullement que la fubordination foit établie d'un corps fur un autre ; feulement il eft néceffaire qu'elle exifte d'une maniere graduelle de tous les corps à des chefs, dont l'autorité va fe fondre dans l'autorité d'un feul qui commande le tout.

Qu'on ajoute à cela l'exceffive prépondérance que le Génie retireroit de devenir une arme , fi l'on exécutoit le projet propofé par M, de Pufy, d'y attacher une troupe particuliere : & que feroit-ce enfin , fi l'on finiffoit par lui réunir l'artillerie.

Au refte , dans une circonftance où l'on a mieux fenti que jamais le danger des grandes corporations , & où c'eft un des objets principaux des foins du Corps légiflatif que de les détruire , n'eft-il pas abfurde d'en propofer une qui n'exiftoit pas auparavant ?

J'ai dit que l'exécution du projet de M. de Pufy feroit oppofée au perfectionnement des divers talens qui ont un rapport plus ou moins immédiat avec le métier de la guerre , & parconféquent deviendroit nuifible au bien du fervice.

A ce fujet je ne puis faire mieux que de tranfcrire ici ce que je trouve dans une lettre imprimée. Cette lettre contient des obfervations fur un Mémoire anonyme (1), dont l'auteur eft vraifemblablement un

---

(1) Ce Mémoire eft intitulé : *Confidérations patriotiques & militaires , fur la deftruction projettée de quelques places de guerre.*

officier du génie, puifqu'il propofe le même projet que M. de Pufy, projet qui eft depuis long-tems celui de tout le Corps. Il eft vrai qu'il y a cette différence, c'eft qu'il y prononce définitivement fur la néceffité de réunir l'artillerie au Génie, auquel il paroît qu'il veut auffi ajouter l'état de l'Ingenieur conftructeur de vaiffeaux. Voici ce qui fe lit dans la lettre dont il s'agit, page 11: « La réunion des Corps de l'artille-
» rie , du Génie & de l'Etat-major des armées ,
» feroit une abfurdité à laquelle mettroit le comble
» l'addition qn'on y feroit de la partie qui concerne
» la conftruction des vaiffeaux (1). Il faut que l'on
» foit bien aveuglé par la prévention, fi l'on ne
» fent pas que les fonctions particulieres de tous ces
» corps font trop effentiellement différentes pour
» pouvoir être attribuées à un corps unique. L'artil-
» lerie eft une arme , le Génie eft un art, la conftruc-
» tion des vaiffeaux en eft un autre qui differe tout
» a fait du premier , par fa nature & par fon objet.
» Le fervice de l'Etat-major eft une affaire de con-
» fiance qui demande une forte d'efprit de détail ,
» des connoiffances générales fur toutes les parties
» de la guerre, & point d'autre talent propre-
» ment dit, que celui qui a trait à l'art de reconnoître
» un pays & d'en analyfer toutes les reffources (2). Il
» réfulteroit de la réunion de ces différentes bran-
» ches de fervice que l'Etat-major étant la partie la
» plus brillante, tout le monde fe tourneroit de ce
» côté, & nous finirions par ne plus avoir ni artil-

---

(1) On auroit pu ajouter ; & celle des ouvrages relatifs aux ports & arfenaux.

(2) Cet art eft celui de l'Ingénieur-Géographe militaire.

» leurs, ni Ingénieurs pour les fortifications, ni In-
» génieurs pour la conſtruction des vaiſſeaux, & pour
» les autres travaux maritimes: ou bien chaque ſujet
» ayant la prétention d'être propre à tout, ne ſeroit
» en effet propre à rien ».

Il eſt bien vrai, ainſi que le dit M. de Puſy, *que
le ſeul moyen d'exceller dans un art, c'eſt d'en épuiſer
toutes les combinaiſons;* mais pour cela on n'a pas
beſoin d'épuiſer toutes les combinaiſons de cinq ou ſix
autres arts, parce qu'il exiſte quelques *points de contact,*
dans leſquels ils touchent à celui auquel on s'eſt adonné
particulierement. Et d'un autre côté c'eſt avancer une
propoſition hazardée que de dire avec le même M. de
Puſy; qu'un ſujet *ſervira avec d'autant plus d'utilité
qu'il aura été ſucceſſivement employé à plus d'objets différens,* lorſque ces objets, pour être bien remplis, exigent
de la part de ceux qui s'en occupent une ſorte d'habitude, telles que ſont les différentes parties qu'on
propoſe d'attribuer au Génie; puiſqu'il doit en réſulter
au contraire que le ſujet ſuppoſé n'ayant pas eu aſſez
de temps pour en approfondir aucun, ou pour acquérir ſur chacun deux une pratique ſuffiſante, il pourroit reſter lui-même fort inhabile dans l'exercice
d'aucun des talens qui les concernent. C'eſt en effet
une opinion aſſez généralement reçue, qu'on doit
exceller d'autant plus dans une partie qu'on s'en eſt
occupé plus excluſivement, & de ce qu'une perſonne
qui a acquis des connoiſſances approfondies juſqu'à
un certain point dans les ſciences abſtraites, *tient
le fil conducteur qui doit le diriger dans la pratique de
tous les arts qui en dérivent,* cela ne veut pas dire
qu'il doit & peut les poſſeder tous. Car s'il parvient à
faire avec ſuccès l'application de ſa théorie, par exem-

ple à l'art qui concerne les fortifications, il peut
fe faire qu'il n'ait pas eu du tems de refte (à moins
qu'il ne foit doué d'une facilité extraordinaire) pour
fe mettre en état d'en faire une application auffi
heureufe à l'art de conftruire des vaiffeaux, de dref-
fer des cartes militaires, & de faifir la configuration
d'un pays avec précifion, vérité & facilité, au talent
de l'artilleur, à celui de l'officier d'Etat-major des
armées, &c. Ou bien s'il n'a que des connoiffances
fuperficielles fur ces divers objets, comme il doit
arriver le plus communément quand il a voulu les
embraffer tous, il pourroit fe faire que pour avoir
prétendu à l'univerfalité, on ne trouvât en lui qu'un
fujet très médiocre, lorfqu'il feroit queftion de l'employer à quelques-uns de ces objets en particulier.

M. de Pufy s'appuye beaucoup fur la profonde
théorie qu'on exige de fujets qui fe deftinent au
Génie, pour démontrer qu'ils font fufceptibles de
l'univerfalité de talens néceffaire pour réuffir également dans les différentes parties qu'il veut leur
attribuer, & cela beaucoup mieux que les Officiers
des corps particuliers qui en ont été jufqu'à préfent
chargés, parce qu'il n'eft pas poffible, felon lui, que
ces derniers aient reçu le même dégré d'inftruction.
Et c'eft à ce fujet qu'il préfente le tableau le plus
détaillé de toutes les connoiffances exigées dans
fon corps Mais il convient d'examiner ici jufqu'où
peuvent aller les avantages qu'on feroit en droit d'attendre pour le fervice militaire, de ce pompeux éta-
lage de favoir; & fi, à cet égard, il n'exifte pas
un point où il eft à propos de s'arrêter. C'eft ici le
lieu de défabufer le public, & de l'avertir que dans
le nombre des parties mentionnées par M. de Pufy,

il en eſt de telles, que jamais aucun ingénieur n'aura
l'occaſion d'en faire l'application, dans l'exercice de
ſes fonctions. Et ce ſont préciſement celles qui
tiennent le rang le plus diſtingué parmi les hautes
ſciences. Auſſi dès que les ſujets du corps paſſent de
l'école, dans quelques places de guerre, où ils
doivent être en réſidence, c'eſt une choſe bientôt
faite pour eux, que d'oublier ce que les mathématiques comprennent de connoiſſances les plus ſubli-
mes. Ou ſi quelques-uns d'entr'eux ſe ſentent excités
par un goût particulier à continuer d'avancer dans
cette carriere auſſi épineuſe qu'attrayante, les travaux auxquels ils ſont aſſujettis par la nature de leur
ſervice dans les places, tout importans qu'ils puiſſent
être, leur paroiſſent bientôt indignes de leur attention. Ils ſe reprochent le tems qu'ils y emploient,
comme un tems enlevé à la découverte de quelques
vérités qui auroient exigé de leur part toute la conten-
tion d'eſprit dont ils ſont ſuſceptibles. Auſſi arrive-t-il
delà que de tous ces détails qui ſont cependant une
partie eſſentielle du ſervice, ils s'en acquittent avec
un dégoût qui dégénere ſouvent en négligence, &
toujours plus mal qu'il n'auroient fait, s'ils ne s'é-
toient pas laiſſé ſurprendre par une paſſion auſſi im-
périeuſe pour les hautes ſciences.

Sur cet objet je prends ici à témoin M. Meunier
& quelques autres officier du Génie, qui comme lui,
ont pouſſé l'étendue de leurs connoiſſances dans les
mathématiques au point d'être en état de figurer dans
une ſociété de ſavans telle que l'Académie. Je leur
demande par exemple, s'ils ne conſidéreroient pas
comme des applications au deſſous de leurs lumie-
res, tous ces détails dont M. de Puſy fait l'énu-

mération dans son Mémoire , quoique de ces détails même puisse dépendre quelquefois le salut d'une grande armée (1) ; comme ce qui concerne la reconnoissance du terrein sur lequel de grands corps de troupes doivent agir, les ouvertures de marches, les routes à percer dans les forêts, les parties maré-cageuses à consolider ou à combler, l'établissement ou la réparation prompte des chemins, la construc-tion des ponts, la nécessité de les couvrir d'une tête, l'art de retrancher promptement le terrein qu'occupe une troupe avancée pour protéger la marche d'une colonne, des eaux à soutenir, d'autres à faire écou-ler, un village, une ferme à faire fortifier. Je de-mande si toutes ces parties qui, comme le dit M. de Pusy, sont des applications de la topographie, de la théorie des fortifications, des arts du charpen-tier, du terrassier, du pionnier, du maçon & en général de l'industrie que l'Ingénieur est sans cesse appliqué à diriger dans les travaux des places de guerre, exigent de la part de l'homme qui en est chargé, la connoissance approfondie de toutes les découvertes étonnantes des Newton, de Leibnitz, des Bernouilli, des Euler, des d'Alembert, & la pratique de ce calcul sublime qui met sur la voie , pour passer des découvertes faites par les grands hom-mes que l'on vient de citer, à des découvertes qui leur restoient à faire. Le célébre maréchal de Vau-ban, l'un des ingénieurs de France qui a donné le plus de preuves de génie quoiqu'il n'ait pas inven-té le bastion, & depuis la mort duquel l'art qu'il professoit n'a presque fait aucun progrès, le maré-

(1) Voyez page 32 du Mémoire de M. de Pusy.

chal de Vauban, dis-je, a-t-il dû à la pratique du
calcul infinitéſimal le dégré de perfection auquel
il a porté les fortifications ? Ce calcul n'étoit pas
encore connu. Et de plus l'expérience de tous les
tems ne nous démontre-t-elle pas que ce ſont preſ-
que toujours de ſimples praticiens qui dans des cas
difficiles & imprévus, ont indiqué les moyens qu'il
convenoit d'employer pour ſe tirer d'un pas difficul-
tueux. Lorſqu'il a été queſtion d'élever le fameux
obéliſque qui décore le milieu de la place de Saint-
Pierre de Rome, n'eſt-ce pas de la bouche d'un ſimple matelot qu'eſt ſorti cette parole ſalutaire, *mouillez
les cordes*, adreſſée à des hommes qui avoient épuiſé
tout ce que les ſciences connues alors pouvoient
avoir fourni de moyens propres à réuſſir dans l'exécution de cette opération.

.Et le Corps du Génie lui-même, du milieu de
l'appareil impoſant & diſpendieux des travaux qu'il
entreprenoit, ſoutenu des reſſources de la profonde
théorie qu'il poſſede, n'a-t-il pas eu auſſi quelquefois le déplaiſir de s'entendre crier par des bouches
ignorantes ; *mouillez les cordes.*

Au ſurplus, les officiers du Génie s'acquitteront-
ils mieux des différentes branches de ſervice dont ils
demandent l'attribution, que ceux auxquels elles
ſont confiées depuis long-tems ? s'en acquitteront-ils
même auſſi bien, eux qui, pour la plupart, n'en
ont pas la pratique ? c'eſt ce qu'il faut examiner.

Commençons par ce qui concerne l'Etat-major des
armées. Croit-on que des ſujets, pour être ſortis de
leurs corps, ſeroient en état de ſervir avec plus d'u-
tilité dans cette partie, que n'ont fait MM. de
Grandpré, de la Roziere, du Menil-Durant,
d'Ormay, & d'autres dont les noms ne ſe préſentent

pas à ma mémoire ? je conviens que dans l'établiffement inftitué en 1783 pour l'objet dont ils s'agit ,
il y a bien quelques individus que la faveur feule y
a fait parvenir, & dont il eft au moins douteux qu'on
puiffe retirer une grande utilité en cas de guerre; mais
ce n'eft pas là le jugement qu'on doit porter de tous ;
& il exifte des preuves de la capacité de plufieurs ,
foit par les fervices que quelques-uns ont rendus en
Amérique , foit par des ouvrages relatifs à leur état,
qui font fortis de la main de quelques autres. On ne
pourroit pas d'ailleurs inférer du défaut de théorie
qu'on leur fuppofe, qu'ils doivent être moins propres
à la chofe , que ne feroient les officiers du Génie ,
puifque nous avons démontré que ce que cette théorie a de plus fublime , eft tout-à-fait nul par rapport au fervice de l'Etat-major ; & quant aux principes les plus fimples , les plus aifés à faifir , & dont
l'application eft la plus répétée , plufieurs des officiers dont nous parlons , ont été à portée de faire
voir qu'ils ne leur étoient pas étrangers.

Ce qui regarde le fervice des Ingénieurs-
Géographes militaires , nous conduit naturelle-
ment à dire quelque chofe de la carte des frontieres
orientales de la France, exécutée par une brigade
du Génie , & citée par M. de Pufy , comme ce
qu'il connoît de plus parfait en ce genre. Si M. de
Pufy eft de bonne foi dans ce qu'il avance, ainfi
qu'il n'eft pas permis d'en douter , il faut qu'il
n'ait jamais été à même de comparer attentive-
ment les ouvrages de fes confreres avec des ouvrages de même nature , exécutés par d'autres ; en
général , on ne craint pas d'avancer que le travail
cité par lui , eft peut-être ce qu'il y a de plus in-
complet , de plus fautif & de plus négligé en fait

de

de plans topographiques. A l'exception de quelques
petites parties un peu plus foignées que les autres ,
tout le reste peut être confidéré comme une befogne
dont on ne pourra jamais tirer un grand avantage.
Cette carte qui est fur l'échelle de fix lignes pour cent
toifes , préfente en quelques endroits prefqu'auffi
peu de détails qu'on en pourroit trouver fur la carte
de France , dont l'échelle est d'une ligne pour cent
toifes. Au furplus , il est bon de prévenir qu'il s'agit
ici d'un travail , fur lequel des perfonnes peu au
fait , pourroient, on ne peut pas plus aifément,
prendre le change; & il ne faut pas s'en laiffer impo-
fer par la grande quantité d'ouvrage qu'on pourroit
citer en ce genre , de la part de telles ou telles perfonnes. Souvent un morceau quelconque a coûté
plus de peines , plus de foins , a demandé plus de
talens de la part de celui qui l'a exécuté , que n'auroit fait un autre morceau levé dans un pays de
même nature, pendant le même efpace de tems ,
quoiqu'il préfentât quatre fois plus d'étendue. La
raifon est que celui qui aura exécuté le premier de
ces deux ouvrages , fe fera donné la peine de repré-
fenter le pays tel qu'il est , aura fait les opérations
néceffaires pour mettre les objets à leur véritable
place , & fera entré dans un détail fuffifant , pour
qu'on puiffe diftinguer fur fon plan , les efpeces différentes de terrein , comme on les diftingue fur la
nature même. L'autre , au contraire , n'aura indiqué les chofes qu'au hazard, n'aura pas parcouru
la quatrieme partie du local qu'il auroit fallu par-
courir pour le figurer exactement ; car quoique M.
de Pufy prétende que l'habitude de lever , donne la
facilité de deviner la configuration d'une partie ca-
chée, d'après la forme que préfente celle qu'on a

fous les yeux; on ofe affurer ici qu'il n'eft poffible de bien exprimer fur un plan que les endroits fur lefquels on s'eft tranfporté, ou tout au moins que ceux qu'on a été à portée de voir, & dont on a pu déterminer régulierement les principaux points. Une des meilleures preuves de l'infuffifance du travail des officiers du Génie, eft la trop grande précipitation avec laquelle il a été exécuté; en effet, l'étendue des forces humaines a des bornes, & ces bornes font à peu près connues. On fait ce qu'un homme peut faire, pour faire bien.

M. de Pufy avance que huit officiers du Génie parvenoient à mettre au net chaque année, c'eft-à-dire, chaque campagne, 130 lieues quarrées, ce qui fait 16 ou 17 lieues pour chaque individu. Or, on démontrera, quand on voudra, que dans le pays le moins difficile, le fujet le plus exercé & qui a le plus de facilité, eft en état au plus d'en faire la moitié, j'entends s'il fe pique de rendre le terrein exactement, quand même il fe difpenferoit d'entrer dans des détails trop minutieux; & il y a telles contrées, comme la baffe Bretagne, où un Ingénieur des plus actifs pourroit à peine lever l'étendue de quatre lieues dans une campagne, en fe bornant même à exprimer tous les chemins, toutes les habitations, tous les ruiffeaux, & négligeant d'ailleurs de rendre compte de toutes les hayes, & de tous les foffés qui féparent les propriétés.

Au refte, fi l'on vouloit citer un travail dans le genre dont il s'agit, comme quelque chofe de bien fait, il faudroit parler des parties levées fur les côtes de l'Océan, & fur les frontieres du Nord & du Sud de la France, par les Ingénieurs-Géographes militaires; on ne peut rien défirer de plus parfait: précifion & exactitude dans l'établiſſement des cannevas géométriques, qui ſervent de baſe à ces ſortes d'ouvrages ; repréſentation fidele des moindres accidens du terrein ; détail le plus recherché de tous les objets qui s'y font remarquer ; tout y eſt obſervé avec le ſoin le plus ſcrupuleux ; & l'on peut dire, même à cet égard , qu'on eſt peut-être tombé dans un défaut oppoſé à celui que nous venons de reprocher au travail des officiers du Génie ; je veux dire qu'on s'eſt trop appéſanti dans les détails, ce qui a dû par conſéquent employer trop de tems ; mais au moins il en eſt réſulté un ouvrage précieux, qui pourra toujours être conſidéré comme le tableau le plus reſſemblant de la nature. Au ſurplus , on demandera ſi des perſonnes qui ont pêché dans l'exécution du travail dont elles étoient chargées, pour y avoir mis trop de ſoin, doivent être deſtituées de leurs fonctions , & les voir attribuer à d'autres qui, ne s'en étant occupées qu'accidentellement, ont aſſez fait voir par la nature de leurs productions, qu'ils n'en avoient ni la pratique ni le goût.

Pour ce qui eſt des travaux des ports & arſenaux , MM. du Génie y reuſſiront-ils mieux que les Ingénieurs de la marine , ſur leſquels il les réclament ? la conduite de ces ſortes d'ouvrages exige de la part de ceux qui en ſont chargés , des talens en fait d'architecture civile , dont certainement aucun des officiers du Génie n'a fait preuve juſqu'à préſent ; au moins ne peut-on rien citer de leur part qui demente ce que j'avance ; il n'en eſt pas ainſi des Ingénieurs de la marine ; Breſt , Rochefort & Toulon contiennent des monumens qui ſont à cet égard les témoignages les plus convaincans de leur capacité ; en effet, les officiers du Génie exécuteront-ils des travaux mieux entendus, plus solides, plus d'accord avec la défense de la place où ils exiſtent, que ce qui a été conſtruit à Breſt d'après les deſſins, & ſous la direction de M. Choquet de Lindu, tels que le Bagne, pluſieurs baſſins avec leurs couvertures en charpente, &c. Conſtruiront-ils un hôpital à moins de frais, qui ſatisfaſſe mieux à tous les beſoins, plus convenable au climat, où toutes les attentions à prendre à l'égard des différentes eſpeces d'hommes qui ſont dans le cas d'y trouver un azile, fuſſent mieux obſervées, que celui qui vient d'être édifié tout récemment à Rochefort, ſous la direction de M. Touffaire? enfin pourront-ils bien encore inſiſter dans leurs prétentions à dépouiller les Ingénieurs de la marine de leurs fonctions, quand on leur citera le fameux baſſin de Toulon? ce chef-d'œuvre qui a mérité à M. Groignard ſon auteur, le juſte tribut d'éloges & d'admiration qu'il a reçu de la part de tous les connoiſſeurs de l'Europe.

Quant à l'économie qui, ſelon M. de Puſy, réſulteroit de l'attribution faite au Génie de toutes les parties qu'il réclame, il eſt aiſé de démontrer qu'elle ſe réduiroit à peu de choſe. D'abord de ſon aveu il eſt pluſieurs ſujets parmi ceux qu'on priveroit de leur état, auxquels on ne pourroit ſe diſpenſer de donner en retraite tous leurs appointemens; & les autres, il faudroit les traiter en proportion; outre cela, dans les 228 ſujets à ſupprimer, il comprend les 80 officiers d'Etat-major; & pourquoi ne pas déduire de ce nombre ceux qu'il conſerve à titre d'adjudans? ce ſont ceux juſtement qui coûtent le plus, puiſqu'ils ſe trouvent à la tête du Corps. C'eſt ici une petite inexactitude de M. de Puſy, à côté de laquelle on en rencontre une autre que voici : le nombre des Ingénieurs des affaires étrangeres eſt porté dans ſon Mémoire à 20, tandis qu’il ne font en effet que 5 : voilà donc encore 15 individus à retrancher des 228 qu’il propofe de réformer.

Et pourquoi dans un autre endroit de fon ouvrage, la fuppreffion des trente officiers des mineurs eft-elle évaluée à 2000 ou 2400 liv. pour chacun, tandis que ces individus pris à la queue du Corps ne devroient être portés au plus qu’à la moitié de cette fomme ? c’eft fans doute pour trouver une économie de 500 mille livres, qui, d’après fon fyftême même, & d’après tout ce que l’on vient d’obferver ci-deffus, fe réduiroit à prefque rien. Quant aux 15 Ingénieurs du Corps des ponts & chauffées qu’il faudroit réformer, fi les travaux que ce Corps a, dit-on, ufurpé fur celui du Génie, étoient rendus à ce dernier ; on obfervera que le Corps des ponts & chauffées n’a point été augmenté de ces 15 individus, depuis l’époque de cette prétendue ufurpation; où feroit donc la raifon de les fupprimer ?

Mais peut-être fonde-t-il le furplus de fes économies, fur ce que les officiers du Génie rempliroient à moins de frais les diverfes branches de fervice qui leur feroient attribuées. Or, dans ce cas, les bonifications ne peuvent porter que fur deux chofes; fur les appointemens & fur les dépenfes réfultantes des travaux à exécuter ; quant aux appointemens, que l’on fubftitue aux officiers d’Etat-major, aux Ingénieurs-Géographes militaires, aux Ingénieurs de la marine, &c., des officiers du Génie, ce ne feront toujours que des hommes mis à la place d’autres hommes, qui coûteront autant, quelquefois davantage. Je prends ici pour objet de comparaifon avec le Génie, le Corps des Ingénieurs-Géographes militaires, parce que je fais ce qu’il en coûte au Roi pour l’entretien

des dix-neuf individus dont il eſt compoſé. La ſomme
qui leur eſt affectée eſt de 31,700 liv., ce qui fait
pour chaque officier l'un dans l'autre, 1,670 liv. ;
d'une autre part, le Génie coûte en total, 841,180
liv. qui, diviſées en 376 perſonnes, font pour traitement moyen 2,237 liv. (1) ; ainſi l'économie du
côté des appointemens conſiſteroit à ſubſtituer des
gens qui coûtent 2,237 liv. par an, à d'autres qui
ne coûtent que 1 670 liv., du moins en ce qui
concerne la partie des Ingénieurs-Géographes militaires ; on en pourroit peut-être dire autant à l'égard
des officiers de l'Etat-major, & des Ingénieurs de
la marine, &c. : mais on ne ſçait pas préciſément
ce qu'ils coûtent au Gouvernement.

Je m'attends que l'on prendra pour une omiſſion
répréhenſible, de n'avoir pas compris dans la ſomme
deſtinée à l'entretien des Ingénieurs-Géographes militaires, les 21,000 liv. d'appointemens dont jouit
l'officier général chargé de la direction de ce Corps ;
tandis que dans la ſomme affectée à l'entretien des
officiers du Génie, je fais entrer les appointemens

---

(1) Ajoutez à cela que les officiers du **Génie** ont de droit
un congé de ſemeſtre tous les deux ans ; donc ils ne ſont
ſenſés ſervir que pendant neuf mois de l'année, avantage
dont ne jouiſſent pas les Ingénieurs-Géographes militaires ;
de plus, il eſt encore accordé des logemens aux officiers du
Génie, par-tout où ils ſont employés ; & les Ingenieurs-Géo-
graphes militaires n'en ſont pourvus que quand ils ſont en-
voyés ſur les côtes, ſur les frontiéres, ou à l'armée. A Verſailles, qui eſt le lieu de leur raſſemblement, il ne leur eſt
rien attribué pour cela ; & cependant il paroît que l'on prend
en conſidération l'excès de dépenſes qu'exige le ſéjour de cette
ville, lorſqu'il s'agit des officiers du Génie, puiſque M. le
chevalier de Robien, major de ce Corps, & jouiſſant comme
tel, de 3000 liv. d'appointemens, reçoit encore 2,500 liv.
de ſupplément, à cauſe de ſa réſidence à Verſailles.

de douze directeurs : voici ce que je réponds à cela. Les places de directeurs dans le Génie ne peuvent être occupées que par des officiers du Corps même, & ils ont tous également le droit d'y prétendre ; il n'en est pas ainsi de la place de directeur des Ingénieurs-Géographes militaires. C'est un officier général auquel les ministres ont jugé à propos de confier l'administration de cette partie, depuis l'époque où les Ingénieurs-Géographes militaires rassemblés dans les bureaux de la guerre, ont semblé former une corporation sous la direction particuliere du ministre. Cet officier n'a jamais exercé l'état d'Ingénieur-Géographe militaire ; il n'en porte pas l'uniforme, & aucun Ingénieur-Géographe militaire n'a le droit de prétendre à sa place ; d'ailleurs son traitement de 21,000 livres lui est aussi accordé en sa qualité de directeur du dépôt de la guerre, dont il affecte plus particulierement le titre. Quant aux frais des travaux dont seroit désormais chargé le Génie, & aux dépenses de construction dont on lui attribueroit la conduite, croit-on qu'il y auroit beaucoup à gagner? accorderoit-on aux officiers du Génie un supplément d'appointemens pour la levée des plans, moindre que celui qu'on accorde aux Ingénieurs-Géographes militaires ? & d'un autre côté, le Génie a-t il la réputation d'être moins dispendieux dans ses constructions, que les Ingénieurs de la marine, & ceux des ponts & chauffées ?

Ainsi, les raisons puissantes qu'on auroit d'accorder au Génie toutes les attributions qu'il réclame, se réduiroient à une seule ; savoir : que le Corps est devenu si nombreux, qu'on ne sçait à quoi employer les sujets ; & il faudroit que deux cent vingt-

huit officiers de mérite perdiffent leurs places , par
ce qu'on auroit négligé de borner le nombre des officiers de ce Corps à fa jufte mefure. On pourroit encore ajouter que les officiers du Génie fembleroient
prétendre avoir plus de droits d'être confervés , parce
que leur inftruction a coûté à l'Etat , tandis que les
autres ont été obligés de fe préfenter tout inftruits.

Une des principales caufes de l'inaction à laquelle
eft réduit aujourd'hui le Corps du Génie , eft , felon
M. de Pufy , *le défaut de moyens propres dont il
puiffe difpofer ;* d'où il conclud à affecter à ce Corps
une troupe particuliere ; ce qui reviendroit à en faire
une arme nouvelle dans nos armées. Or, la néceffité
de cette opération ne paroît pas fort démontrée ; il
femble au contraire que ce Corps , qui peut en certain cas , mettre en action différentes armes , ne
doit jamais en être une par lui-même. Les officiers
qu'il comprend pourroient-ils en effet s'occuper particulierement de la difcipline, de l'inftruction & de
l'entretien d'une troupe qui lui feroit propre, fans
que cela prit fur le tems néceffaire pour approfondir
les fecrets de leur art ? & l'état d'Ingénieur paroît fi
peu lié avec celui d'un officier de troupes , que du
tems de Louis XIV , (il n'y avoit point alors de
Corps du Génie , mais jamais on n'a fait plus de
fieges), du tems de Louis XIV , dis-je , les perfonnes auxquelles on confioit les fonctions d'Ingénieurs , étoient pour la plupart de jeunes officiers de
troupes réglées qui, excités par un goût particulier , ou
animés du défir de fe fignaler, s'étoient livrés d'eux-
mêmes aux études préliminaires , néceffaires pour ce
genre de fervice. Alors ils quittoient abfolument leurs
Corps refpectifs , & n'avoient plus rien de commun

(25)

avec eux, que pour y tenir un rang qui les maintînt
dans la possession du droit de prétendre à la suc-
cession des grades militaires.

D'un autre côté, que les sapeurs & les mineurs
forment un corps affecté au Génie ou non, pourvu
qu'ils soient parfaitement versés dans l'exercice de la
sape & des mines; en cas de sieges, ne seront-ils
pas également prêts à agir avec succès, en se confor-
mant aux dispositions des Ingénieurs qui, seuls alors,
sont compétens à déterminer l'emploi de toutes les
armes susceptibles d'être appliquées à ce genre de
guerre.

En créant une troupe particuliere au Génie, M.
de Pusy prétend que les bas-officiers & soldats, *formés spéciaement au genre de service qui le concerne,
en rendroient l'exécution plus prompte & plus facile.*
Je ne rappellerai pas ici que, sur le fait de la guerre
des sieges, les François se sont acquis une réputation
qu'aucune Nation de l'Europe n'a pu leur disputer,
& que cependant la chose a eu lieu, sans qu'il
soit affecté une troupe au Génie. Je me contenterai
de demander à M. de Pusy, quel usage il prétendroit
faire dans un siege, par exemple, de ces bas-officiers
& soldats du Génie? il ne les employera sans doute
pas à reconnoître le contour d'une place, à l'effet
d'en découvrir à l'aide des notions préliminaires qu'on
peut en avoir, le côté le plus foible, dont il conviendroit de faire le front d'attaque; il ne les employera pas à saisir & déterminer le prolongement
d'une capitale, afin de diriger la conduite des boyaux
de tranchée sur un angle saillant; il ne les employera
à fixer sur le terrein la direction de chacun de ces
boyaux, de maniere à prévenir le danger qu'on ne

prévient pas toujours, d'être enfilé par les feux de
la place ; toutes ces fonctions ne peuvent être confiées qu'à un Ingénieur, & à un Ingénieur très-exer-
cé. Mais pour les bas-officiers & soldats d'une troupe
qui seroit affectée au Génie, après qu'ils auront été
distribués avec ordre le long des lignes déterminées
par les Ingénieurs, & qu'une rangée de fascines aura
rendu sensibles ; après qu'on les aura mis le plus
possible à couvert des dérangemens qu'ils pourroient
éprouver de la part de l'affiégé, en employant les
meilleurs expédiens pour cela ; après qu'on leur aura
mis entre les mains les outils nécessaires ; tout ce
qu'on pourra attendre de leur intelligence & de leur
sagacité, ce sera de creuser un fossé suivant une lar-
geur arrêtée, en observant de jetter la terre du côté
désigné. Or, on conviendra qu'il n'y a pas de soldats, pas même de paysans qui ne puissent s'acquitter
avec succès d'une pareille besogne, quand ils seront judicieusement dirigés & placés convenable-
ment ; & jusqu'à présent, on n'en a pas usé d'une
maniere différente. On ne voit donc pas qu'il soit
nécessaire de créer une troupe particuliere pour ce
genre de service ; on le feroit, qu'il y auroit des
cas où cette troupe seroit insuffisante ; ce seroit lorfque la grande multiplicité de sieges auroit occasion-
né une grande consommation d'hommes ; & alors
on seroit obligé d'y suppléer par l'emploi des troupes
ordinaires ; dans d'autres cas, dans le cas d'une
guerre de poste, par exemple, elle seroit inutile, ou
bien sa destination devroit être intervertie.

Dans le service des places, dans la conduite des
grands travaux, ces bas-officiers & soldats seroient
encore, suivant M. de Pusy, d'une grande utilité ;

sans doute parce que l'on feroit retomber sur eux tous *les détails bornés & monotones* (1) *de l'entretien des fortifications*; mais ces détails tout *bornés* & tout *monotones* qu'ils soient, on ne pourroit peut-être pas les confier à d'autres qu'à des Ingénieurs, sans compromettre les intérêts du Roi, puisque ce n'est toujours que d'après la certitude où l'on est, que ces détails ont été suivis scrupuleusement, qu'on peut être assuré de la fidélité des entrepreneurs à remplir leurs engagemens.

L'entretien d'une troupe seroit, dit-on, encore très-utile aux officiers du Génie, dans l'exécution des travaux topographiques. *S'ils avoient à leur disposition, des bas-officiers & soldats accoutumés à ce genre d'exercice, qui en eussent connu les premiers élémens, qui eussent pu en pratiquer quelques détails, il n'y a pas de doute qu'on pût parvenir à tiercer le produit de cet ouvrage* (2). C'est à propos de la carte des frontieres orientales de France, exécutée avec tant de célérité par une brigade du Génie, que M. de Pusy avance ce qu'on vient de lire; entend-il par là que ses confreres parviendroient à former les bas-officiers & soldats dont il s'agit, à ce genre de travail, au point de pouvoir leur confier séparément quelques parties à lever ou à mettre au net? alors voilà l'établissement d'un véritable Corps d'Ingénieurs-Géographes, à l'usage de MM. les officiers du Génie; & ces derniers finiroient par se reposer sur eux de l'exécution d'un travail en lui-même pénible & rebutant, & se conserveroient sans doute la prérogative exclusive de

---

(1) Voyez page 7 des Considérations sur le Corps royal du Génie.

(2) Voyez page 38.

le préfenter , de l'expliquer , & d'en retirer tous les avantages qu'il peut procurer. Ajoutez à cela que ces mêmes bas-officiers ou foldats qu'on auroit ainfi rendus habiles aux travaux topographiques , pourroient le devenir également à ce qui concerne les fortifications , l'attaque & la défenfe des places, fi l'on admet dans toute leur étendue les avantages que M. de Pufy promet de leur exiftence; & ainfi beaucoup d'entr'eux pourvus d'une éducation préliminaire fuffifante , acquéreroient les connoiffances & les talens les plus néceffaires à un bon Ingénieur , & ne pourroient jamais devenir officiers du Génie. Ils auroient paffé une partie de leur vie dans l'exercice fatigant d'un état qui demande une dofe d'aptitude plus confidérable que celle qui eft néceffaire à tous les autres foldats , & auroient pour récompenfe d'être privés déformais du droit qui leur eft accordé à tous, de dire : « Je puis devenir officier dans le Corps où je » fers ; même, officier fupérieur; même, colonel » ; & il leur feroit offert en dédommagement , la perfpective de devenir caferniers ou éclufiers. Ainfi un fujet feroit obligé de confidérer l'état des individus qui le commandent, comme un état auquel il ne peut pas atteindre, pour cela même qu'il lui auroit fallu développer plus de fagacité, plus de talens dans l'exécution de fes fonctions, & de plus s'affujettir à un fervice plus affidu ; c'eft ainfi que le Corps du Génie auroit une conftitution contradictoire avec celle de tous les autres Corps militaires; c'eft ainfi que les préjugés de l'éducation, la partialité, l'efprit de corps, & fans doute l'habitude, ont fait oublier à M. de Pufy les circonftances & le tems dans lequel nous vivons.

Mais fi l'on entend que des bas-officiers & foldats

attachés au Génie , deviendroient d'une utilité particuliere pour la levée des plans , en ce qu'ils feroient plus propres que d'autres à mefurer des longueurs , à placer des fignaux , à tranfporter & placer les inftrumens néceffaires ; fi c'eft dans ce fens que M. de Pufy croit que l'exiftence d'un pareil Corps de troupes offriroit au Génie *le moyen de tiercer le produit des travaux topographiques* , un homme qui , pendant vingt années de fa vie , a fait de ce travail l'objet le plus répété de fes occupations , lui répondra que ce feroit induire en erreur , de mettre en fait qu'on peut fonder de telles efpérances fur un pareil éta-bliffement. Rien n'eft plus facile & plus prompt, que de former des hommes à aider méchaniquement un Ingénieur qui leve des plans , quand on veut les borner au travail de fimples journaliers. Ainfi cette raifon n'ajouteroit pas grand chofe à ce que dit M. de Pufy , pour prouver la néceffité d'attribuer un Corps de troupes au Génie. Et quant à la dépenfe, il ne faut pas fe perfuader qu'un foldat employé pendant toute la journée à travailler fous les ordres d'un officier chargé de lever, pourroit fe contenter de la paye , de la nourriture d'un foldat qui n'a que fon fervice de garnifon à faire. En un mot , j'ai employé indifféremment des foldats & des payfans à ce travail , & j'ai remarqué que fi les foldats y font propres , au moins ils n'y valent pas mieux que les autres.

Je ne puis me difpenfer de relever ici une obfervation faite par M. de Pufy à l'égard des officiers d'État-major. Il fe récrie contre ce Corps préfumé , parce qu'on ne peut citer aucune Ordonnance qui conftate fon exiftence. Il prétend en conféquence qu'il n'eſt *ni inſtitué ni conſtitué* (1). Il eſt vrai qu'il n'y a qu'un ſimple réglement qui le concerne, & encore ce réglement n'eſt-il point imprimé. Mais comment M. de Puſy a-t-il pu s'élever contre l'État-major, ſur un pareil objet, lui qui plaide la cauſe d'un Corps dans lequel on peut compter 47 individus qui n'exiſtent ſeulement pas ſans ordonnance, mais même contre l'ordonnance. Car enfin la derniere ordonnance du Génie, en date du 31 Décembre 1776, porte que le nombre des officiers de ce Corps ſera borné à 329; & cependant il eſt de fait qu'en ce moment il eſt élevé au nombre de 376. C'eſt bien de cet excédent qu'on peut dire que c'eſt une vraie *ſurabondance militaire*, puiſque cette augmentation abuſive s'eſt opérée préciſément pendant un laps de tems, où de l'aveu de M. de Puſy, le Corps s'eſt trouvé dans une nullité preſqu'abſolue.

D'un autre côté, ne doit-on pas voir avec étonnement, que dans le mode de réforme propoſé par M. de Puſy, on ſemble tenir abſolument à l'uſage pratiqué à cet égard, du tems de l'ancien régime, uſage en vertu duquel les gens puiſſans étoient épargnés, tandis que tout le poids des ſuppreſſions retomboit ſur les foibles. Cet eſprit ne ſe remarque-t-il pas évidemment dans ce qui eſt propoſé relativement à l'État-major. En effet l'auteur a l'adreſſe d'en faire deux parties diſtinctes, l'une deſquelles comprendroit les adjudans, & devroit être conſervée. Cette partie qui ſeroit la plus prépondérante, n'auroit aucune réclamation à oppoſer, & abandonneroit l'autre, pour qu'il en ſoit fait tout ce qu'on jugeroit à propos.

---

(1) Voyez page 35 du Mémoire de M. de Puſy.

Autre particularité qui paroîtra sans doute bien étrange, de la part de M. de Pusy qui doit connoître les Ordonnances, & plus que toute autre celle qui concerne son Corps; c'est de faire dériver le Corps des Ingénieurs Géographes militaires, de celui de l'État-major, afin de l'envelopper dans la réforme de ce dernier. Il est bien vrai que le service des Ingénieurs Géographes militaires a beaucoup de rapport avec celui de l'État-major des armées; mais il est de même vrai que dans l'état actuel des choses, ces deux corporations n'ont rien de commun. Le Corps de l'État-major *constitué ou non constitué*, n'existe que depuis l'année 1783; & celui des Ingénieurs Géographes militaires est aussi ancien que le Génie, sans doute moins remarqué, & cela parce qu'il a été dans tous les tems très-peu nombreux. On observera qu'ils n'ont pas toujours eu d'ordonnance; mais on en peut dire autant du Corps du Génie; ce n'est que depuis l'époque de 1744 qu'on en connoît une qui constate son existence. Au surplus quant à ce qui regarde l'origine & les différentes révolutions qu'ont éprouvées les Ingénieurs Géographes militaires, on peut consulter un Mémoire nouvellement publié, concernant les Corps à talens qui doivent entrer dans la composition de l'armée Françoise. Cet écrit imprimé sans nom d'auteur, présente sur cet objet les détails les plus vrais. On y voit que les Ingénieurs Géographes militaires, désignés autrefois sous le titre d'Ingénieurs Géographes des camps & armées, ont formé une petite corporation connue depuis l'époque de 1696; que plusieurs d'entr'eux ont été élevés à des grades supérieurs; qu'ils ont été inscrits dans les états militaires de France, ainsi que les Ingénieurs des fortifications, jusqu'à l'année 1741. On ajoutera ici que leurs appointemens étoient payés fur des ordonnances particulieres, ainfi que le font actuellement ceux des officiers d'État-major, & que cet ordre a fub-fifté jufqu'au tems où ils ont été réunis au bureau de la guerre. Ainfi les Ingénieurs Géographes militaires ne peuvent pas être fuppofés dériver d'un Corps dont ils ont précédé l'exiftence, de beau-coup. Au refte s'il en eft un avec lequel ce, officiers foient fenfés avoir quelque rapport, c'eft fans con-tredit celui du Génie. Si M. de Pufy s'étoit donné la peine de confulter l'Ordonnance qui concerne le Corps dans lequel il fert, en date du 31 Décembre 1776, ainfi que l'Ordonnance particuliere des Ingénieurs Géographes militaires, en date du 26 Février 1777, il y auroit vu ce que ces deux Corps ont de commun, & il ne fe feroit pas avifé de fuppofer que les Ingénieurs Géographes militaires ne doivent leur exiftence qu'à la néceffité de fuppléer l'infuffifance des officiers de l'État-major.

Écoutez un peu **M. de Pufy**, page 39 de fon Mémoire : *Je prie, dit-il, que l'on confidere que je ne demande pour le Corps du Génie, ni avance-ment extraordinaire, ni graces particulieres : que traité comme le refte de l'Armée, &c.* Jettez enfuite un coup d'œil fur fon propre tableau de la compo-fition du Corps, vous verrez qu'il y établit 69 places d'officiers fupérieurs pour 270 fubalternes, tandis que dans toutes les troupes il n'en exifte que trois ou quatre pour foixante. Vous verrez dans un autre endroit de fon Mémoire, qu'il fait fortir du Corps 24 à 25 officiers généraux, pour les remettre avec ceux de l'armée. Ne crée-t-il pas ainfi 24 à 25 places nouvelles dans le Corps ? N'établit-il pas ainfi une nouvelle pépiniere d'officiers généraux ? Et quel tems choifit-il pour faire une pareille propofition ? Celui où la multiplicité outrée de ces fortes d'officiers eft un abus porté à fon comble.

D'un autre côté comment fe fait-il que fur le nombre de 228 officiers qu'il réforme, & auxquels il accorde des talens, il ne s'en trouve que 30 au plus qui foient fufceptibles de remplacement? Que veut-il faire des autres ? Comment attachera-t-il à leur patrie des individus inftruits qui, ainfi que nous l'avons déjà obfervé, connoiffent nos forces, nos frontieres, nos côtes, nos reffources militaires, nos places de guerre, nos ports de mer, qui ont fervi long-tems avec de très-médiocres appointemens, qui ont facrifié leur fanté, leur fortune, à l'accroiffement de leurs connoiffances, & au foutien d'une exiftence honorable dans leur état? Eft-ce par une foible penfion infuffifante à cette exiftence ? Eft-ce par la privation de tout efpoir de mettre à profit l'aptitude qu'ils peuvent avoir acquife pour le fervice de leur patrie ? Ces mêmes individus découragés, preffés par le befoin, cefferont d'en avoir une au moment où tout| le refte de la France la recouvre ; ils feront obligés d'offrir leurs talens & leur vie à la premiere Puiffance qui voudra les employer, & de tirer dans un moment de guerre, un funefte parti de leurs lumieres. Quel fyftême que celui qui force de bons ferviteurs à de fi cruelles reffources!

J'écouterai, dit M. de Pufy, *les critique avec docilité, & je n'oppoferai aux inimitiés, que mes vues d'intérêt public, & la pureté de mes intentions.*

Mais où eft cet intérêt public ? Appelle-t-il de ce nom une partialité décidée pour fon Corps qu'il veut conferver dans fon intégrité, en y facrifiant cinq ou fix autres ? Appelle-t-il de ce nom les efforts qu'il fait pour arrêter toutes les réclamations, en confervant la partie de l'Etat-major qui com-

C

(34)

prend les perfonnes dont le crédit auroit pu le contrarier. Appelle-t-il de ce nom une augmentation toujours alimentée de 24 ou 25 officiers généraux qui ne font déjà que trop en nombre? L'intérêt public eft-il attaché à la ruine de 228 individus, pour effectuer une augmentation de bien être, au profit d'un certain nombre d'autres? L'intérêt public confifte-t-il à forcer ces 228 individus inftruits, de porter leurs connoiffances chez des voifins, & à les tourner contre leur patrie qui les auroit abandonnés, après en avoir reçu des fervices pénibles & prefque gratuits?

Mais il ne fuffifoit pas à M. de Pufy de plaider la caufe du Corps dans lequel il fert, on diroit qu'il plaide auffi pour lui-même. Car enfin n'eft-ce pas, de fa part, défendre fa propre caufe, que de s'étendre comme il fait fur la néceffité de changer l'ordre d'avancement, qui jufqu'à préfent a eu lieu dans le Génie? Qui plus que lui paroît intéreffé à ce que cet ordre établi fur l'ancienneté, le foit dorénavant fur le mérite? & quel Officier du Génie fe trouve dans une pofition à pouvoir profiter plus aifément de ce nouvel arrangement? Député à l'Affemblée nationale, & Député diftingué, puifqu'il a eu l'honneur de préfider cet augufte Corps légiflatif, élu par acclamation membre du Comité auquel eft confié particuliérement le travail qui doit régler le fort du Corps auquel il appartient, pourvu de l'avantage de s'être concilié la confiance de l'Affemblée, & en même-tems l'eftime des Miniftres, doué par-deffus tout cela, de tout ce que l'efprit & la poffeffion des connoiffances & des talens particuliers à fon état peuvent lui offrir de moyens d'être préféré. Ajoutez l'éloignement dans lequel il doit entrevoir les grades, par le rang actuel qu'il occupe dans fon Corps, s'ils doivent continuer de n'y être diftribués que par l'ordre du tableau. En vérité, dans le cas où il auroit été réellement perfuadé de tous les avantages des arrangemens qu'il propofe fur le fait de l'avancement, la confidération de fa pofition perfonnelle auroit dû lui faire une loi de n'en pas faire la propofition ; il devoit laiffer ce foin à d'autres.

Mais examinons quel bien réfulteroit de cet arrangement, & jufqu'à quel point il feroit conforme au vœu général du Corps. Que l'ordre d'avancement foit établi fur le mérite, qui en laiffera-t-on juge ? fera-ce le Corps. Le Corps a depuis long-tems manifefté fon vœu pour la préfér.nce qu'il donne à l'ordre du tableau. Avant l'époque de l'ordonnance de 1776, l'avancement étoit réglé fur le nombre de fieges, & c'eft d'après la demande du Corps qu'il a été reporté à l'ancienneté. Laiffera-t-on le Miniftre arbitre du mérite? voilà la porte ouverte aux faveurs, à l'intrigue, & enfin à une multitude d'abus auxquels le Corps du Génie n'étoit pas même foumis du tems de l'ancien régime.

M. de Pufy prétend que les officiers de fon Corps ont l'inconvénient de ne pouvoir parvenir aux grades fupérieurs que lorfqu'ils ont perdu par l'âge, les moyens de développer toute l'activité qu'exige le fervice. Mais ne font-ils pas toujours bons pour le confeil ; & fur-tout pour modérer & refferrer dans de juftes bornes la fougue des jeunes gens, dont les excès font prefque toujours plus dangereux que les excès oppofés réfultans de la lenteur de la vieilleffe.

Il eft bon d'obferver que le fyftême de M. de Pufy eft le même que celui de M. d'Arcon, colonel au Corps du Génie, le même que celui de M. le comte de Caire, auffi colonel du même Corps, & enfin qu'il préfente les mêmes difpofitions qu'ont déjà pré-

fenté plufieurs autres officiers du Génie qui ont manifefté le vœu de leur Corps, foit par des Mémoires
imprimés qui ont circulé dans le public, foit par
des Mémoires manufcrits qui ont pénétré dans les
cabinets des Miniftres. Il eft vrai que M. de Pufy,
à l'égard des Corps qu'il propofe de fupprimer, em-
ploie des expreffions plus honnêtes & plus ménagées
que quelques-uns de fes confreres ; par exemple, en
parlant des Ingénieurs-Géographes militaires, il ne
dit pas que ce font *des individus ramaffés çà & là fans
examen, n'ayant d'autres talens que leurs pinceaux* (1).
En parlant des Ingénieurs de la marine, de ceux des
Colonies, & de tous les Ingénieurs qui ne font pas
du Corps du Génie, il ne dit pas que ce font *des êtres
amphibies, nullement militaires ; ne fubfiftant que
du nom & de l'écorce d'Ingénieur* (1). Mais il conclud
abfolument à la même chofe, & met en avant
les mêmes prétentions, qui font d'abforber toutes
les branches du fervice militaire qui exigent des
talens, & de s'en emparer exclufivement.

Encore un coup, ce n'étoit pas à un député de
l'Affemblée nationale, à un membre du Comité
militaire, de préfenter à notre augufte Corps
légiflatif, le vœu d'une Corporation particuliere,
furtout lorfque ce vœu eft auffi privatif, & par
conféquent auffi inconftitutionnel.

On ne terminera pas ces obfervations fans dire
quelque chofe concernant les Ingénieurs-Géographes
militaires en particulier. Il femble qu'il n'y ait que
deux partis à prendre à leur égard ; le premier feroit

---

(1) Voyez le Mémoire de M. le comte de Caire, *page* 34.

(2) Voyez un Mémoire anonyme, intitulé : *Confidérations
patriotiques & militaires, fur la deftruction projettée de quelques places de guerre.*

de

de continuer d'en faire un Corps à part , chargé des fonctions qui leur ont été jusqu'à préfent attribuées, & même avec un peu plus d'extenfion. Et comme ce Corps fe trouveroit trop peu nombreux, on pourroit l'augmenter de quelques jeunes gens pris dans le Génie; ce qui feroit une occafion de mettre leurs talens & leur activité à profit. En même tems que cet établiffement feroit utile , pendant la paix, pour la levée des cartes topographiques dont on auroit befoin , il deviendroit une efpece d'école où fe formeroient des fujets deftinés à compofer à l'avenir les États-majors des armées. L'autre parti, dont on croit avoir fuffifamment fait fentir les inconvéniens dans quelques endroits de ce Mémoire, feroit de les réformer en totalité, & d'attribuer leurs fonctions aux officiers du Génie; auquel cas, par les raifons qu'on a déduites ci-deffus, on ne pourroit fe difpenfer de les incorporer avec ces derniers. Car je ne penfe pas qu'il puiffe jamais venir à l'idée de les conferver au Dépôt de la guerre, nonobftant l'attribution exclufive de leurs fonctions à un autre Corps, pour y former un bureau de commis-deffinateurs. Ces officiers accoutumés jufqu'à préfent à fe voir honorés d'une forte de confiance de la part du Gouvernement, par la nature des miffions dont ils ont été chargés, & dont ils fe font toujours très bien acquittés, ne fe réduiroient fans doute pas à la condition de ne plus être que les copiftes de ceux qui leur auroient enlevé leurs fonctions. Et d'un autre côté dans l'état actuel des chofes, & en conféquence des principes qui s'établiffent en ce moment, il ne peut plus entrer dans les vues d'une adminiftration judicieufe, d'entretenir un Corps qui foit à l'ufage d'un autre Corps. S'il faut que les officiers du Génie s'attribuent les fonctions des Ingénieurs-Géographes militaires , il faudra qu'ils les rempliffent, il faudra qu'ils levent eux-mêmes les plans qu'ils feront chargés de lever, il faudra qu'il les deffinent eux-mêmes, ou du moins qu'ils les produifent tout deffinés & parfaitement mis au net, fans que le Roi foit obligé de payer des hommes qui exécutent ces ouvrages pour eux. Quant aux copies qu'il feroit quelquefois expédient d'en tirer, il conviendroit d'y employer des jeunes gens du Corps. Ce feroit un moyen de les exercer dans la pratique du deffin, avant de leur confier quelque miffion relative à cet objet.

Au furplus, quelques difpofitions que l'on fuive à l'égard des Ingénieurs-Géograghes militaires, on ne pourra, je penfe, fe difpenfer de les traiter à l'inftar de tous les officiers de l'armée ; & c'eft là que fe bornent tous leurs defirs. Ils fe croient d'autant plus de droits à cette prétention, que les fonctions qu'ils ont eues à remplir jufqu'à préfent, ont exigé de leur part beaucoup de travail & des facrifices conti-nuels. On ne peut pas dire qu'ils en aient été dédomma-gés par un avancement très-rapide & des appoin-temens confidérables ; leur avancement n'a toujours été que trop borné : quant à leurs appointemens, quoiqu'ils fuffent déjà très-médiocres, ils ont éprouvé une diminution à l'époque du 1 Janvier 1788, en-forte que la fomme affignée pour leur entretien ne furpaffe pas 31,700 livres ; & comme ils ne font qu'au nombre de dix-neuf, on voit que, déduction faite du Chef auquel eft accordé 5,500 livres, une fomme de 26,200 livres fait le fort de dix-huit per-fonnes. Il eft vrai qu'il eft de plus attribué de petites penfions à quelques-uns de ces officiers ; favoir, 400 livres aux capitaines & 240 livres aux lieutenans,

A Verfailles, le 26 Juin 1790.

www.ingramcontent.com/pod-product-compliance
Lightning Source LLC
LaVergne TN
LVHW021201200726
843510LV00001B/452